Nâgârjuna

Bodhicittavivarana

Erläuterung des Erleuchtungsgeistes

Angkor Verlag

Bodhicittavivarana. Erläuterung des Erleuchtungsgeistes./Nagarjuna. Englisch und mit Anmerkungen von Lindtner, Christian. Deutsch von Keller, Guido. – Frankfurt: Angkor Verlag 2015.

Mit freundlicher Genehmigung von Dr. Christian Lindtner (Kopenhagen) für die Verwendung seiner Übersetzung des *Bodhicitta-vivarana* ins Englische sowie weiterer Texte, erschienen u.a. im von ihm herausgegebenen Band *Master of Wisdom* (Dharma Publishing 1997). Die diakritischen Zeichen wurden in der deutschen Übersetzung verein-facht. Ergänzungen in [eckigen Klammern] stammen dort in der Regel vom Verleger.

Im Ebook findet sich (ab Februar 2015) zusätzlich ein sehr interessanter neuer Essay von Dr. Lindtner, der Bodhicittam und die griechische Philosophia (d.h. die Pythagoräer) über die Gematrie in Zusammenhang bringt. Dabei handelt es sich um eine Technik der Interpretation von Worten mittels Zahlen.

Cover: Image taken by Benjamin Matthews on visit to Samye Ling Monastery, Dumfriesshire, UK, on 1 May 2004
Lektorat (z.T.): Susanne König
Herstellung: Books on Demand GmbH

ISBN: 978-3-943839-26-5
E-Book: 978-3-943839-27-2 (Kindle)

Inhalt

Einführung

Dieser bedauerlicherweise vernachlässigte Text besteht aus 112 Strophen *(anuṣṭubh),* die von einem kurzen Prosa-Prolog eingeleitet werden. Er wurde gelegentlich als tantrisches Werk eingeordnet, doch ein Blick auf seinen Inhalt zeigt, wie unpassend eine solche Klassifizierung ist.

Das *Bodhicittavivaraṇa* wird von Buddhapālita oder Candrakīrti nie erwähnt. Auf der anderen Seite bildet es eine der grundlegenden Quellen für Bhavya in seinem reifsten Werk *Ratnapradīpa.* In seinen früheren Werken *Tarkajvālā, Prajñāpradīpa* und *[Kara-]talaratna* wird es nicht erwähnt. Unter anderen „guten" Autoren, die das *Bodhicittavivaraṇa* zitieren, sind besonders Asvabhāva und Śāntarakṣita zu nennen. Ich bin auch auf viele Zitate von anderen Kommentatoren gestoßen, von denen etliche glücklicherweise auf Sanskrit erhalten sind. Mein allgemeiner Eindruck ist, dass das *Yuktiṣaṣṭikā, Catuḥstava* und *Bodhicittavivaraṇa* die meistzitierten von allen Werken sind, die man Nāgārjuna in der späteren indischen Literatur zuschreibt.

Der Stil des *Bodhicittavivaraṇa* ähnelt dem des *Yuktiṣaṣṭikā, Ratnāvalī* und *Catuḥstava.* Aus historischer Sicht ist sein bedeutendstes Kennzeichen die ausgiebige Kritik am *Vijñānavāda,* also dem buddhistischen Idealismus im *Laṅkāvatārasūtra.* Wenn man sieht, wie vehement Nāgārjuna jedes Akzeptieren von *svabhāva* [Eigennatur] ablehnt, würde man erwarten, dass er auch diejenigen kritisiert hätte, welche die absolute Existenz von *vijñāna* [Bewusstsein] oder *citta* [Herzgeist] aufrecht zu erhalten trachteten. Doch in den bis jetzt genannten Texten geschieht dies nur nebenbei. Das *Bodhicittavivaraṇa* liefert uns das fehlende Glied.

Keines von Nāgārjunas anderen Werken zeigt eine solch ausgeglichene und einheitliche Struktur wie das *Bodhicittavivaraṇa.* Bis zu einem gewissen Grad ist dies eine natürliche Konsequenz aus der Tatsache, dass das Thema schlicht und eingängig ist: *bodhicitta* [Erleuchtungsgeist]. Es besitzt einen relativen Aspekt, der aus dem Wunsch *(prārthanā)* nach *bodhi* [Erleuchtung/Erwachen] aller Lebewesen besteht, und einen absoluten Aspekt, der die unbegrenzte Erkenntnis von *śūnyatā* [Leere] oder *bodhi* umfasst. Das *Bodhicittavivaraṇa* liefert uns damit ein Kompendium der Praxis und Theorie des Mahāyāna, das sich an Bodhisattvas richtet, an *gṛhasthas* [Haushaltsvorstände/Laien] genau so wie an *pravrajitas* [Mönche]. Es könnte tatsächlich als eine *vivaraṇa* [Darlegung] der berühmten Formel aus RĀ IV, 96 angesehen werden: *śūnyatākaruṇāgarbham ekeṣāṁ bodhisādhanam* [die Praxis des Erwachens ist Leere als Mitempfinden].

Abgesehen von Sanskrit-Fragmenten stehen uns nur tibetische Versionen des *Bodhicittavivaraṇa* zur Verfügung. Ich habe diese im Abschnitt über Quellen und Varianten identifiziert und mit A, B und C abgekürzt. Wie wir es von den Namen der Revisoren erwarten würden, ist B eine exzellente Arbeit und bildet deshalb die Grundlage meiner Ausgabe, die ich sorgfältig mit A und C abgeglichen habe. In ein paar Fällen hat sich A als unschätzbar erwiesen, z. B. bei Vers 16, der in Version B aufgrund von Haplographie* *(homoearcton)*** fehlt. C ist ein Kommentar von hohem Standard. Er zitiert *pratīkas* aller 112 Strophen und erläutert alle diskussionswürdigen Punkte erschöpfend. In wenigen Fällen erlaubt er uns, wie A, Verfälschungen in B zu korrigieren. Ich habe jedoch die Varianten in A und C nur verzeichnet, wenn sie den Sinn derart beeinflussten, dass dieser authentischer sein dürfte als der in B überlieferte. Ich gebe im Folgenden eine Zusammenfassung des Textes.

Dr. Christian Lindtner

* Unbeabsichtigte Auslassung.
** Ähnlicher Wortanfang.

Synopsis

Prolog

Das Thema dieses Textes ist *bodhicitta. Saṁvṛtitaḥ* [aus der relativen Perspektive] ist es eine Sehnsucht nach *bodhi* für alle Lebewesen; *paramārthataḥ* [aus der absoluten Perspektive] ist es die Erkenntnis von *śūnyatā,* das heißt *bodhi.*

Inhalt

Die Bedeutung des Entwickelns von *bodhicitta.* (1-3)

Widerlegung des Glaubens an *ātman*, eine fortdauerende Seele oder einen Schöpfer, wie er von *tīrthikas* vertreten wurde. (4-9)

Widerlegung der Existenz von *skandhas,* an die die *Śrāvakas* glaubten. (10-25)

Widerlegung der Grundlagen von *Vijñānavāda: trisvabhāva, svasaṁvedanā, āśrayaparivṛtti* und *ālayavijñāna.* In Wirklichkeit sei *vijñāna* abhängig, flüchtig, illusorisch und leer. (26-56)

Alle inneren und äußeren *dharmas* sind *pratītyasamutpanna* oder *śūnya.* Dies zu verstehen bedeutet, absolutes *bodhicitta* zu verwirklichen, die Befreiung von den Fesseln des Karmas, das von *kleśas* [Befleckungen] erzeugt wurde. (57-72)

Ein Bodhisattva, der so zum Buddha wurde, ist von *karuṇā* [Mitempfinden] motiviert (der Kraft seiner früheren *praṇidhānas* [Einsichten]), um alle möglichen Mittel anzuwenden (= *upāya-kauśalya*), die Wesen aus dem *saṃsāra* zu befreien. (73-104)

Fazit

Der Leser wird ermutigt, *bodhicitta* zu erwecken. (105-111)
Eine abschließende Widmung von Verdienst. (112)

Bodhicittavivaraṇa

(Deutsch)

Prolog

Es wurde gesagt: „Wegen der Gleichheit oder Selbstlosigkeit aller Phänomene ist der eigene Geist – frei von allem Seienden, allen *skandhas,* Elementen, Sinnesbereichen und von Subjekt wie Objekt – ursprünglich ungeboren und in seiner Essenz leer."

So wie die Buddhas, unsere Herren, und die großen Bodhisattvas den Gedanken an die Große Erleuchtung erzeugten *(mahâ-bodhicitta),* so will auch ich, von jetzt an bis ich im Herzen der Erleuchtung weile, den Gedanken Großer Erleuchtung erzeugen, um die unerlösten lebenden Wesen zu erretten, die Unfreien zu befreien, die Ungetrösteten zu trösten und jene zum Nirwana zu führen, die dort noch nicht angekommen sind.

Wenn ein Bodhisattva durch eine Übungsmethode mit Mantras den *bodhicitta* (Erleuchtungsgeist) erweckt hat, der in seinem relativen Aspekt von jener bestrebenden Natur ist, dann muss er auch mittels meditativer Entwicklung das absolute *bodhicitta* erzeugen. Darum werde ich nun dessen Natur offenbaren.

1

Mich vor dem wunderbaren Vajrasattva* verbeugend,
der den Geist der Erleuchtung verkörpert,
will ich die Entwicklung des Bodhi-Geistes** erläutern,
der die drei Arten der Existenz im *samsâra* beendet.

* Bodhisattva, der die Reinheit von durch Karma bedingten Geistestrübungen verkörpert.

** Sanskrit *bodhicitta*, der Erleuchtungsgeist. Er besteht aus dem Wunsch, anderen auf dem Weg zur Befreiung vom Kreislauf der irdischen Existenz *(samsâra)* zu helfen, und zu diesem Zweck die Erleuchtung zu erlangen. Gemeinhin wird dafür das Üben der sechs „Vollkommenheiten" *(pâramitâ)* angeraten, um Leere *(shûnyatâ)* zu verwirklichen, die mit allumfassendem Mitgefühl einhergehe. Die sechs „Vollkommenheiten" sind Freigebigkeit, Sittlichkeit, Geduld, andauerndes Bemühen, Meditation und Weisheit.

2

Die Buddhas bestehen darauf,
dass der Bodhi-Geist nicht behindert wird
von Vorstellungen eines Selbst oder der fünf *skandhâ**,
sondern dass er aus der Freiheit von solchen Ideen,
aus der Leere lebt.

* Fünf Daseinsfaktoren des Menschen: Formen, Gefühle, Wahrnehmungen, Geistformationen, Bewusstsein.

3

Gerade wer von Mitleid angetrieben ist,
muss den Bodhi-Geist mit besonderer Anstrengung pflegen.
Die Buddhas des großen Mitempfindens
entwickeln ständig diesen Bodhi-Geist.

4

Analysiert man das Selbst,
das die Nicht-Buddhisten* verkünden,
dann kann man es nirgendwo
in den fünf *skandhâ* finden.

* Sanskrit: *tîrthika.*

5

Wäre das Selbst identisch mit den *skandhâ,*
dann wäre es unbeständig, doch das ist nicht seine Natur.
Zwischen Beständigem und Unbeständigem
kann es keine Beziehung wie zwischen einem Behälter
und seinem Inhalt geben.

6

Wenn das so genannte Selbst nicht existiert,
wie kann dann sein so genannter Urheber beständig sein?
Nur wenn es tatsächlich ein Subjekt gäbe,
könnte man seine Eigenschaften in der Welt untersuchen.

7

Da das Beständige weder stufenweise
noch auf einen Schlag zu erschaffen vermag,
kann weder innen noch außen
eine derart beständige Einheit existieren.

8

Wenn es wirksam wäre, wie könnte es da abhängig sein?
Es würde alle Dinge in einem Augenblick hervorbringen.
Was von etwas anderem abhängig ist,
ist weder ewig noch wirksam.

9

Wenn es ein Seiendes wäre, dann wäre es nicht beständig,
denn Seiendes besteht immer nur im Augenblick.
Hinsichtlich des Unbeständigen
wurde ein Urheber nicht geleugnet.

10

Diese Welt, die doch frei ist vom Selbst und all dem anderen,
wird bezwungen durch Ideen über *skandhâ,*
Elemente, Sinnesbereiche,
Subjekt und Objekt.

11

Darum sprachen die gütigen Buddhas zu den Hörern*
über die fünf *skandhâ*
Form, Gefühl, Wahrnehmung,
Geistesformation und Bewusstsein.

* *shrâvaka.*

12/13

Bodhisattvas, die besten unter denen, die auf zwei Beinen gehen,
lehrte der Buddha stets dies über die fünf *skandhâ:*

„Form ist wie eine Schaummasse,
Gefühl wie Blasen,
Wahrnehmung wie eine Fata Morgana,
Geistesformation wie Blumen im Himmel
und Bewusstsein wie eine Illusion."

14

Vom *skandhâ* der Form heißt es,
es habe die vier großen Elemente als Kern.
Die übrigen vier *skandhâ*
gelten folglich als formlos und immateriell.

15

Auge, sichtbare Form und so weiter
werden als achtzehn Elemente beschrieben.
Im Sinne von Subjekt und Objekt
werden sie als die zwölf Sinnesbereiche bezeichnet.

16

Form ist weder ein Atom noch ein Sinnesorgan,
es ist auch keine Sinneswahrnehmung.
Darum sind Anstifter und Urheber nicht geeignet,
Form zu erzeugen.

17

Die Atome der Form erzeugen keine Sinneswahrnehmung,
da sie deren Bereich überschreiten.
Hält man Formen für eine Anhäufung von Atomen,
so ist eine solche Ansammlung inakzeptabel.

18

Wenn man das Ganze in räumliche Dimensionen unterteilt,
dann hat sogar das Atom einzelne Bestandteile.
Wie könnte aber etwas, das man in Teilen untersuchen kann,
ein unteilbares Atom sein?

19

In Bezug auf ein einziges äußeres Objekt
können unterschiedliche Vorstellungen entstehen.
Die Form, die einigen genehm ist,
mag anderen unangenehm sein.

20

In Anbetracht des gleichen weiblichen Körpers
können ein Asket, ein Liebhaber und eine wilder Hund
drei unterschiedliche Eindrücke formulieren:
„Ah, Leiche!“ – „Oh, Schöne!“ – „Hmm, Leckerbissen!“

21

Wenn etwas wegen seiner Objekthaftigkeit wirksam ist,
ist das nicht so, als würde man im Traum beschädigt?*
Selbst wenn man aus dem Traum erwacht,
ist das Ergebnis das gleiche.

* Anspielung auf einen nächtlichen Samenerguss.

22

Was immer an Subjekt und Objekt
dem Bewusstsein erscheint:
Es gibt nirgendwo äußere Objekte
unabhängig von ihrer Wahrnehmung.

23

Es gibt also keine äußeren Dinge
in der Art von Seiendem.
Die Wahrnehmungen des individuellen Bewusstseins
erscheinen als Formen.

24

Die Getäuschten sehen Illusionen, Fata Morganas,
Städte magischer Geistwesen*
und so weiter.
Formen werden auf die gleiche Weise wahrgenommen.

* *ghandarva.*

25

Der Zweck von Buddhas Lehren über die fünf *skandhâ,*
die Elemente usw.
liegt darin, den Glauben ans Selbst zu zerstören.
Indem sie sich auf reines Bewusstsein stützen,
können die Bodhisattvas diesen Glauben ablegen.

26

Das *Vijnânavâda** lehrt,
diese Welt sei als Nur-Bewusstsein begründet.
Ich will im Folgenden
die Natur dieses Bewusstseins beleuchten.

* Bewusstseinslehre, auch *Cittamâtra* (Nur-Geist) oder *Yogâcâra* (Yoga-Übung), von Asanga und Vasubandhu im 4. Jh. begründete philosophische Schule des Mahâyâna-Buddhismus.

27

Shakyamuni lehrte:
„Die ganze Welt ist nichts als Geist."
Doch geschah dies nur,
  um einfachen Menschen ihre Angst zu nehmen.
Dies ist nicht die Lehre letzter Wirklichkeit.

28

Das Eingebildete, das Abhängige und das Vollkommene
haben nur eine eigene Natur:
Leere*.
Sie alle sind Formationen des Geistes.

* *shûnyatâ.*

29

Den Bodhisattvas, die sich am Mahâyâna erfreuen,
erläuterte der Buddha
die Selbst-Losigkeit und Gleichheit aller Phänomene,
und dass der Geist ursprünglich ungeboren ist.

30

Die Yogâcârin glauben,
dass ein reiner Geist
  durch die Beherrschung der eigenen Gedanken
und eine starke Veränderung seines Zustandes entstehe und
und er so zur Sphäre seiner eigenen Reflektionen würde.

31

Was vergangen ist, existiert nicht mehr,
was in der Zukunft liegt, kann nicht gefunden werden.
Wie könnte da der gegenwärtige Geist
von Ort zu Ort wechseln?

32

Das achte Bewusstsein* erscheint nicht so, wie es ist.
So wie es erscheint, ist es nicht.
Bewusstsein ist frei von Selbstheit.
Es hat keine andere Grundlage.

* *âlayavijnâna.*

33

In der Nähe eines Magnetsteins
bewegt sich Eisen geschwind nach vorn.
Obwohl man meint, es habe keinen Geist,
scheint es diesen zu besitzen.

34

Das achte Bewusstsein erscheint ebenfalls wirklich,
ist es aber nicht.
Es bewegt sich vor und zurück
und erhält so die drei Existenzen.

35

So wie sich Meere und Bäume bewegen,
obwohl sie keinen Geist haben,
so ist das achte Bewusstsein nur
in Abhängigkeit von einem Körper aktiv.

36

Bedenkt man, dass es ohne Körper kein Bewusstsein gibt,
gilt es zu erklären,
welches besondere Wissen von sich selbst
dieses Bewusstsein besitzt.

37

Indem jemand es ein besonderes Bewusstsein seiner selbst nennt,
unterstellt er, dass es etwas Seiendes ist.
Doch zugleich gibt er die Unmöglichkeit zu,
„das ist es!" zu sagen.

38

Hat man es für sich herausgefunden,
hilft man anderen dabei.
Die Einsichtigen schreiten stets
ohne Irrtum voran.

39

Das Wahrnehmbare wird von einem Wahrnehmenden erkannt.
Ohne das Wahrnehmbare gibt es kein Wahrnehmen.
Warum also gestehst du nicht ein,
dass weder Objekt noch Subjekt an sich existieren?

40

Geist ist bloß ein Name.
Er ist nichts jenseits dieses Namens.
Auch Bewusstsein ist nur ein Name.
Der Name selbst hat keine eigene Natur.

41

Die weisen Lehrer des Jainismus*
   fanden keinen existierenden Geist,
weder innen noch außen
noch zwischen den beiden.
Geist ist illusorischer Natur.

* *jina.*

42

Geist hat keine feste Form wie diese:
Farben und Gestalten,
Subjekt und Objekt,
männlich, weiblich oder sächlich.

43

Kurzum: Die Buddhas haben nie gesehen,
was nicht gesehen werden kann.
Wie könnten sie auch, was frei von eigener Natur ist,
als Selbst-Natur angesehen haben?

44

„Seiendes" ist eine Vorstellung.
Die Abwesenheit von Vorstellungen ist Leere.
Wo Vorstellungen auftauchen,
wie könnte da Leere sein?

45

Die Tathagatas betrachten Geist nicht
unter dem Aspekt von Wahrnehmbarem und Wahrnehmendem.
Wo Wahrnehmbares und Wahrnehmender fortdauern,
da gibt es keine Erleuchtung.

46

Leerer Raum, Bodhi-Geist und Erleuchtung
sind ohne Zeichen und ohne Ursprung.
Sie besitzen keine substantielle Wirklichkeit
 und sind jenseits von Worten.
Ihr „Zeichen" ist das der Nicht-Dualität.

47

Die edelmütigen Buddhas,
die im Herzen der Erleuchtung wohnen,
und alle mitfühlenden Bodhisattvas
  sind sich stets darüber im Klaren,
dass Leere wie der leere Raum ist.

48

Darum entwickeln Bodhisattvas fortwährend diese Leere,
die die Grundlage aller Phänomene ist:
still, scheinhaft, unbegründet
und die zyklische Existenz auslöschend.

49

Leere drückt Nicht-Ursprung, Nicht-Sein
und die Abwesenheit eines Selbst aus.
Wer sie praktiziert, sollte nicht das üben,
was minderwertig ist.

50

Vorstellungen von Gutem und Schlechtem
tragen die Kennzeichen des Zerfalls.
Die Buddhas sprachen von deren Leere,
doch andere nehmen diese Leere nicht an.

51

Die Sphäre des Geistes, die kein Objekt kennt,
trägt das Kennzeichen von leerem Raum.
Das Entwickeln der Leere bedeutet
das Entwickeln von leerem Raum.

52

Der Löwenruf der Leere
hat alle Dogmatiker verschreckt.
Wo immer sie sich aufhalten,
die Leere lauert ihnen auf.

53

Wer Bewusstsein als flüchtig betrachtet,
kann es nicht als beständig annehmen.
Wenn also der Geist unbeständig ist,
wie könnte er der Leere widersprechen?

54

Kurzum: Wenn die Buddhas den Geist als unbeständig ansehen,
wie könnten sie ihn da nicht auch für leer halten?

55

Von Beginn an hat der Geist keine Selbst-Natur.
Wenn Dinge durch ihre Selbst-Natur bewiesen werden könnten,
dann würden wir nicht behaupten,
sie seien ohne Substanz.

56

Dies bedeutet, dass man kein Selbst
im Geist verortet.
Es ist nicht die Natur der Dinge,
ihre eigene Selbst-Natur zu transzendieren.

57

So wie Süße die Natur des Zuckers
und Hitze die des Feuers ist,
so halten wir die Natur aller Phänomene
für Leere.

58

Erklärt jemand Leere zur Natur aller Phänomene,
dann unterstellt er dabei nicht,
dass irgendetwas zerstört würde
oder irgendetwas ewig sei.

59

Beginnend mit Unwissenheit und endend mit Verfall
betrachten wir alle Vorgänge der zwölfgliedrigen Kette
des bedingten Entstehens
wie einen Traum und eine Illusion.

60

Dieses Rad mit zwölf Speichen
rollt den Pfad des *samsâra* entlang.
Außerhalb davon kann kein fühlendes Wesen
die Frucht seiner Taten erfahren.

61

Abhängig von einem Spiegel
erscheint das eigene Gesicht.
Es hat sich nicht in den Spiegel begeben,
und doch gibt es ohne ihn kein Abbild davon.

62

Auf die gleiche Weise ordnen sich die *skandhâ*
wieder in einer neuen Existenz an,
doch der Weise versteht,
dass niemand als Gleicher oder Anderer wiedergeboren wird.

63

Kurzum: Aus leeren Phänomenen
entstehen leere Phänomene.
Jina* lehrte, dass Urheber und Tat,
deren Frucht und ihr Koster alle gewöhnlich sind.

* Ehrentitel Buddhas.

64

Wie der Ton einer Trommel oder auch ein Keim
durch eine Ansammlung von Ursachen entstehen,
so halten wir die äußere Welt des abhängigen Entstehens
für einen Traum und eine Illusion.

65

Es ist kein Widerspruch,
dass Phänomene aus Ursachen entstehen.
Da eine Ursache frei (leer) von einer Ursache ist,
verstehen wir sie als ungeschaffen.

66

Das Ungeschaffene der Phänomene
weist auf ihre Leere hin.
Kurz gesagt:
„Alle Phänomene" bedeutet die fünf *skandhâ*.

67

Wenn die Wahrheit so angenommen wird, wie erläutert,
dann hat das Gewöhnliche kein Hindernis.
Die Wahrheit ist nicht
vom Gewöhnlichen getrennt.

68

Das Herkömmliche ist als Leere erklärt,
die Leere selbst ist das Herkömmliche.
Eines geschieht nicht ohne das andere,
so wie auch Geschaffenes und Unbeständiges
stets übereinstimmen.

69

Das Herkömmliche entsteht aus Karma und Trübungen*,
Karma entsteht durch den Geist.
Der Geist bildet sich durch Neigungen**,
Zufriedenheit besteht im Freisein von Neigungen.

* *klesha.*
** *vâsanâ.*

70

Ein zufriedener Geist ist ruhig.
Ein ruhiger Geist ist nicht verwirrt.
Abgeklärt zu sein bedeutet, die Wahrheit zu verstehen.
Durch Verständnis der Wahrheit erlangt man Freiheit.

71

Es wird auch als So-heit bezeichnet, als Grenze der Wirklichkeit,
als zeichenlos, als letzter Sinn,
als höchster Bodhi-Geist
und als Leere.

72

Wer Leere nicht kennt,
der wird keinen Anteil an dieser Freiheit haben.
Ein so verwirrter Mensch wird, gefangen in seiner Existenz,
die sechs Bestimmungen der Wesen durchlaufen.

73

Wenn die Asketen* aber so über die Leere nachsinnen,
wird ihr Geist zweifellos
ein Gefühl für das Wohlergehen
der anderen entwickeln.

* *yogâcârin.*

74

„Den Wesen, die mir
in der Vergangenheit Wohltaten erwiesen,
indem sie etwa meine Eltern oder Freunde waren,
will ich es dankbar heimzahlen.“

75

„Da ich den Wesen im Gefängnis der Existenz,
die vom Feuer der Geistestrübungen* brennen,
in der Vergangenheit Leid zufügte,
will ich ihnen heute Zufriedenheit bringen."

* *klesha.*

76

Die süße und die bittere Frucht, welche die Wesen
in Form einer glücklichen oder unglücklichen Geburt
in diese Welt erfahren,
ist das Ergebnis davon,
ob sie den Lebewesen schadeten oder nutzten.

77/78

Wenn Buddhas die unübertroffene Stufe erreichen,
indem sie Lebewesen helfen,
wie könnte es da befremden,
dass diejenigen, die nicht im Geringsten an andere denken,
keine der Freuden von Göttern und Menschen erfahren,
die die Wächter der Welt,
Brahma, Indra und Rudra unterstützen?

79

Ob als Höllenwesen, Tiere oder Geister,
die verschiedenen Arten des Leidens
erfahren jene Wesen,
weil sie anderen Schaden zufügten.

80

Die unvermeidlichen und unendlichen Leiden
von Hunger, Durst,
gegenseitigem Gemetzel und anderen Qualen
sind die Frucht davon, andere beschädigt zu haben.

81

Die Wesen erfahren zwei Arten der Reifung:
die von Buddhas und Bodhisattvas
und die einer heilsamen und unheilsamen Geburt.

82

Unterstütze die Lebewesen mit deinen ganzen Möglichkeiten
und schütze sie so wie deinen eigenen Körper.
Gleichgültigkeit gegenüber anderen Wesen
muss gemieden werden wie Gift.

83

Die Hörer* haben eine kleine Erleuchtung erfahren,
weil sie sich loslösen konnten.
Die Weisheit** der vollkommenen Buddhas aber wird erlangt,
indem man die Lebewesen nicht aufgibt.

* *shrâvaka.*
** *bodhi.*

84

Wie könnten diejenigen,
die die Folgen hilfreichen wie verletzenden Handelns bedenken,
auch nur einen Augenblick lang
nur an ihrem eigenen Wohlbefinden hängen?

85

Die Kinder Buddhas pflegen wahres Erwachen,
das stetes Mitempfinden zur Wurzel hat,
aus dem der Keim des Bodhi-Geistes erwächst
und das Wohlergehen der anderen als Frucht hervorbringt.

86

Wenn ihr durch Nachsinnen gestärkt seid,
werdet ihr das Leiden der anderen beängstigend finden.
Um ihnen zu helfen,
werdet ihr sogar die Freuden der Meditation aufgeben
und die unbarmherzigste Hölle* betreten.

* *avîci.*

87

Dies ist großartig und bewundernswert,
es ist der herausragende Weg des Feinsinnigsten.
Nichts ist erstaunlicher als
wie sie sich und ihren Besitz dahingeben.

88

Die die Leere der Phänomene verstehen
und an das Gesetz des Karma und seiner Früchte glauben
sind erstaunlicher als erstaunlich
und aufs Höchste wunderbar.

89

Aus dem Wunsch heraus, Lebewesen zu schützen,
nehmen sie die Geburt im Schmutz der Existenz an.
Doch unbefleckt von deren Ereignissen,
erscheinen sie wie eine Lotusblume im Sumpf.

90

Obwohl solche Söhne Buddhas wie Samantabhadra
den Brennstoff der Geistestrübungen*
durch das Erkenntnisfeuer der Leere vernichtet haben,
fließen in ihnen noch die Ströme der Leidenschaft.

* *klesha*.

91/92

Durch die Kraft des Mitempfindens
vollenden sie den Abstieg vom *Tushita*-Himmel*,
Geburt, Heiterkeit, Verzicht auf Herrschaft,
Enthaltsamkeit, großes Erwachen, den Sieg über *Mâra***,
das Drehen des Dharma-Rades,
die Wünsche der Götter
und den Eingang ins Nirwana.

* Die himmlische Welt, in der der zukünftige Buddha Maitreya weilt.
** Das Teuflische.

93

Sie verwirklichen sich in Form von
Brahma, Indra, Vishnu und Rudra
und werden durch ihren mitempfindenden Tanz
zu willkommenen Führern bedürftiger Wesen.

94

Zwei Arten von Wissen entstehen aus dem Mahâyâna,
um denen Erleichterung zu verschaffen,
die in Kummer ihren Lebensweg beschreiten.
Doch dies ist nicht die höchste Lehre.

95

So lange sie nicht von den Buddhas ermahnt wurden,
werden die Hörer, die sich
in einem körperlichen Zustand der Erkenntnis befinden,
ohnmächtig in vergifteter Versunkenheit* verweilen.

* *samâdhi.*

96

Doch einmal ermahnt,
widmen sie sich den Lebewesen auf verschiedene Weise.
Indem sie Speicher an Verdienst und Wissen anlegen,
erlangen sie die Erleuchtung der Buddhas.

97

Da die Möglichkeit zu beiden Ansammlungen besteht,
werden die Neigungen als Samen betrachtet.
Dieser Samen trifft auf Bedingungen
und erzeugt den Spross des zyklischen Daseins.

98

Die Wege der Beschützer der Welt
richten sich nach der jeweiligen Mentalität der Lebewesen.
Buddhas wenden eine Reihe geschickter Mittel an,
die viele weltliche Formen annehmen.

99

Die Lehren können tiefgründig oder weit sein,
manchmal auch beides zugleich.
Obwohl sie sich zuweilen unterscheiden,
sind sie stets durch Leere und Nicht-Dualismus charakterisiert.

100

Wie auch immer die Kräfte, Stufen und Vollkommenheiten*
der Buddhas lauten,
die allwissenden Tathagata** haben verkündet,
dass sie einen Bestandteil des Bodhi-Geistes bilden.

* *pâramitâ.*
** Ehrenbezeichnung für Buddhas.

101

Wer andere stets durch Körper,
Worte und Geist begünstigt,
der vertritt den Anspruch der Leere,
ohne sich ums Verlöschen zu streiten.

102

Die großmütigen Bodhisattvas verweilen
weder im Nirwana noch im Kreislauf der Existenzen.
Darum haben die Buddhas dies
„nicht verweilendes Nirwana“ genannt.

103

Der Heiltrank des Mitempfindens erzeugt Verdienst,
der Heiltrank der Leere entfaltet die größte Wirkung.
Wer den Heiltrank der Leere trinkt,
um das Wohlergehen von sich und anderen zu verwirklichen,
der ist ein Kind Buddhas.

104

Verbeugt euch vor den Bodhisattvas mit eurem ganzen Wesen.
Auf immer verehrenswert in den drei Welten,
führen sie als Wegweiser der Menschen
die Linie der Buddhas fort.

105

Im Mahâyâna-Buddhismus
gilt der Bodhi-Geist als das Allerbeste.
Also erzeugt vertieft und entschlossen
dieses *bodhicitta*.

106

In diesem Leben gibt es keine andere Methode,
das eigene Wohlergehen wie das der anderen zu verwirklichen.
Bis heute haben die Buddhas
kein geeignetes Mittel neben dem Bodhi-Geist entdeckt.

107

Allein durch das Erwecken des Bodhi-Geistes
wird eine Menge Verdienst angesammelt.
Wenn es Form annähme,
würde es mehr als die Weite des Alls ausfüllen.

108

Wer auch nur für einen Moment
den Bodhi-Geist erweckt,
dessen Ausmaß an Verdienst
kann nicht einmal von den Buddhas erfasst werden.

109

Das edelste Juwel ist
der kostbare Geist frei von Trübungen.
Räuber wie *Mâra* oder die *klesha*
können ihn weder stehlen noch ihm schaden.

110

So wie die hohen Ziele von Buddhas und Bodhisattvas
im Kreislauf der Existenzen unerschütterlich sind,
so müssen diejenigen, die dem Weg des Bodhi-Geistes folgen,
ihren Entschluss festigen.

111

Egal, wie erstaunlich dies alles wirkt,
ihr müsst euch, wie beschrieben, anstrengen.
Danach werdet ihr selbst
die Taten Samantabhadras verstehen.

112

Mit meinem Lobgesang auf den Bodhi-Geist,
der schon von den herausragenden Buddhas gepriesen wurde,
habe ich unvergleichliches Verdienst erworben.
Mögen die Lebewesen, die von den Wellen
im Ozean des Lebens umhergeworfen werden,
dadurch einen Fuß auf diesen Pfad bekommen,
dem der Führer derer folgt, die auf zwei Beinen gehen.

Bodhicittavivaraṇa

(Tibetan-English)

Byang chub sems kyi 'grel pa ||

| dngos po thams cad dang bral ba | | phung po khams dang skye mched kyi | | gzung dang 'dzin pa rnam spangs pa | | chos bdag med pas mnyam nyid pas | | rang sems gdod nas ma skyes pa | | stang pa nyid kyi rang bzhin no | | zhes bya ba 'byung ngo || sangs rgyas bcom ldan 'das rnams dang | byang chub sems dpa' chen pode rnams kyis ji ltar byang chub chen por thugs bskyed pa de bzhin du | bdag gis kyang sems can ma bsgral ba rnams bsgral ba dang | ma grol ba rnams grol ba dang | dbugs ma byung ba rnams dbugs dbyung ba dang | yongs su mya ngan las ma 'das pa rnams yongs su mya ngan las bzla ba'i phyir dus 'di nas bzung nas byang chub snying po la mchis kyi bar du byang chub chen por sems bskyed par bgyi'o | | byang chub sems dpa' gsang sngags kyi sgor spyad pa spyod pa rnams kyis de ltar kun rdzob kyi rnam pas byang chub kyi sems smon pa'i rang bzhin can bskyed nas | don dam pa'i byang chub kyi sems bsgom pa'i stabs kyis bskyed par bya ba yin pas de'i phyir de'i rang bzhin bshad par bya'o ||

1

| byang chub sems kyi bdag nyid dngos | | dpalldan rdo rje rnams btud de | | byang chub sems kyi bsgom pa ni | srid pa 'jig de bdag gis bshad |

2

| sangs rgyas rnams kyi byang chub sems | | bdag dang phung sogs rnam rig gi | | rtog pa rnams kyis ma bsgribs pa | | rtag tu stang nyid mtshan nyid bzhed |

Exposition of Bodhicitta

It has been stated: "Due to the sameness [or] selflessness of phenomena, one's own mind – devoid of all entities, exempt from the skandhas, elements, sense-fields, and subject and object – is originally unborn; in essence empty."

Just as the Buddhas, our Lords, and the great Bodhisattvas have produced the thought of Great Enlightenment (mahā-bodhicitta), thus I shall also, from now until [I dwell] in the heart of enlightenment, produce the thought of Great Enlightenment in order to save living beings unsaved, liberate those not liberated, console those not consoled, and lead to nirvana those who have not arrived at nirvana.

When a Bodhisattva, having practiced a course by way of mantras, has thus produced the bodhicitta that in its relative aspect has the nature of aspiration, he must by means of meditational development produce the absolute bodhicitta. Therefore I will reveal its nature.

1

Bowing to the glorious Vajrasattvas embodying the mind of enlightenment, I shall expound the development of the bodhicitta that abolishes [the three kinds of] existence [in saṃsāra].

2

The Buddhas maintain that bodhicitta is not enveloped in notions conscious of a self, skandhas, and so forth, [but] is always marked by being empty [of any such notions].

3

| snying rjes brlan pa'i sems kyis ni | | 'bad pas bsgom par bya ba yin | | thugs rje'i bdag nyid sangs rgyas kyis | | byang chub sems 'di rtag tu bsgoms |

4

| mu stegs can gyis gang brtags pa | bdag de rigs pas rnam dpyad na | | phung rnams kun gyi nang rnams na
| gang zhig gnas kyang rnyed ma yin |

5

| phung rnams yod kyi de rtag min | | de yang bdag gi ngo bo min | | gang yang rtag dang mi rtag gnyis | | rten dang brten pa'i dngos po med |

6

| bdag ces bya ste yod min na | byed po zhes bya ga la rtag | | chos can yod na chos rnams la | 'jig rten na ni spyod pa 'jug |

7

| gang phyir rtag pas don byed pa | | rim dang cig car gyis min pa | | de phyir phyi rol nang du ni | | rtag pa'i dngos de med pa nyid |

8

| gal te nus na ci de ltos | | de ni cig car dngos 'byin 'gyur | | gang zhig dngos gzhan la ltos la | | de ni rtag dang nus ldan min |

3

[Those] with minds [only] tinged by compassion must develop [bodhicitta] with particular effort. This bodhicitta is constantly developed by the compassionate Buddhas.

4

When the self imagined by the tīrthikas is analyzed logically, it obtains no place within the [five] skandhas.

5

If it were [identical with] the skandhas [the self] would not be permanent, but the self has no such nature. And between things permanent and impermanent a container-content relationship is not [possible].

6

When there is no so-called self how can the so-called creator be permanent? [Only] if there were a subject might one begin investigating its attributes in the world.

7

Since a permanent [creator] cannot create things, whether gradually or all at once, there are no permanent things, whether external or internal.

8

Why [would] an efficacious [creator] be dependent? He would of course produce things all at once. A [creator] who depends on something else is neither eternal nor efficacious.

9

| gal te dngos na rtag min te | | dngos rnams rtag tu skad dg phyir | | gang phyir mi rtag dngos po la | | byed pa po nyid bkag pa med |

10

| bdag sogs bral ba'i 'jig rten 'di | | phung po khams dang skye mched dang | | gzung dang 'dzin pa nyid dag gi | | blo yis rnam par 'joms par 'gyur |

11

| phan par bzhed pa rnams kyis ni | | gzugs dang tshor ba 'du shes dang | | 'du byed rnam shes phung po lnga | | de ltar nyan thos rnams la gsungs |

12

| rkang gnyis mchog gis rtag tu yang | gzugs ni dbu ba rdos dang 'dra | | tshor ba chu yi chu bur 'dra | | 'du shes smig rgyu dang mtshungs shing |

13

| 'du byed chu shing dang 'dra la | | rnam shes sgyu ma lta bu zhes | | phung po bstan pa 'di lta bu | | byang chub sems dpa' rnams la gsungs |

14

| 'byung chen bzhi yi rang bzhin can | | gzugs kyi phung por rab tu bshad | | lhag ma gzugs med nyid du ni | | med na mi 'byung phyir na 'grub |

9

If [he] were an entity he [would] not be permanent, for things are perpetually instantaneous (since [you] do not deny that impermanent things have a creator).

10

This [empirical] world, free from a self and the rest, is vanquished by the [Śrāvakas'] understanding of the skandhas, elements, sense-fields, and subject and object.

11

Thus the benevolent [Buddhas] have spoken to the Śrāvakas of the five skandhas: form, feeling, apprehension, karma-formations and consciousness.

12-13

But to the Bodhisattvas [the Buddha], the best among those who walk on two legs, has always taught this doctrine about the skandhas: "Form is like a mass of foam, feeling is like bubbles, apprehension is like a mirage, karma-formations are like the plantain, and consciousness is like an illusion."

14

The form skandha is declared to have the four great elements as its nature. The remaining [four skandhas] are inseparably established as immaterial.

15

| de dag rnams kyi mig gzugs sogs | | khams rnams bshad pa de dag nyid | | skye mched dag ni gzung ba dang || 'dzin par yang ni shes par bya |

16

| gzugs rdul med gzhan dbang po med | | byed po'i dbang po shin tu med | | skyod pa po dang skyed pa dag | | yang dag bskyed par rigs ma yin |

17

| gzugs rdul dbang shes skyed min te | | de nidbang po las 'das yin | | 'dus pa de rnams skyed byed na | | tshogs pa de yang mi 'dod do |

18

| phyogs kyi dbye bas phye ba yis | | rdul phran la yang dbye ba mthong | | gang la cha shas kyis brtags pa | | der ni rdul phran ji ltar 'thad | |

19

| phyi rol don ni rnam gcig la | | tha dad shes pa 'jug par 'gyur | | yid 'ong gzugs ni gang yin pa | | de nyid gzhan la gzhan du 'gyur |

20

| bud med gzugs ni gcig pu la | | ro dang 'dod bya bza' ba la | | kun rgyu chags can khyi rnams bzhin | | rnam par rtog pa gsum yin no |

15

Among these eye, form, and so forth are classified as [the eighteen] elements. Again, as subject-object these are to be known as the [twelve] sense-fields.

16

Form is not the atom, nor is it the [organ] of sense. It is absolutely not the active sense [of consciousness]. [Thus] an instigator and a creator are not suited to producing [form].

17

The form atom does not produce sense consciousness, [because] it passes beyond the senses. If [empirical forms are supposed to] be created by an assemblage [of atoms], this accumulation is unacceptable.

18

If you analyze by spatial division, even the atom is seen to possess parts. That which is analyzed into parts – how can it logically be an atom?

19

Concerning one single external object divergent judgments may prevail. Precisely that form which is pleasant [to one person] may appear differently to others.

20

Regarding the same female body, an ascetic, a lover and a wild dog entertain three different notions: "A corpse!" "A mistress!" "A tasty morsel!"

21

| don mtshungs pa yis don byed pa | | rmi lam gnod pa bzhin min nam | | rmi lam sad pa'i gnas skabs la | | don byed pa la khyad par med |

22

| gzung dang 'dzin pa'i ngo bo yis | | rnam shes snang ba gang yin pa | | rnam shes las ni tha dad par | | phyi rol don ni 'ga' yang med |

23

| de phyir dngos po'i ngo bor ni | | phyi don rnam pa kun tu med | | rnam shes so sor snang ba 'di | | gzugs kyi rnam par snang bar 'gyur |

24

| ji ltar skye bo sems rmongs pas | | sgyu ma smig rgyu dri za yi | | grong khyer la sogs mthong ba ltar | | de bzhin gzugs sogs snang ba yin |

25

| bdag tu 'dzin pa bzlog pa'i phyir | | phung po khams sogs bstan pa yin | | sems tsam po lagnas nas ni | | skal chen rnams kyis de yang spangs |

26

| rnams par shes par smra ba la | | sna tshogs 'di ni sems su grub | | rnam shes rang bzhin gang zhe na | | da ni de nyid bshad bya ste |

21

Things are efficacious due to being *like* objects. Is it not like an offense while dreaming [i.e., nocturnal emission]? Once awakened from the dream the net result is the same.

22

As to the appearance of consciousness under the form of subject and object, [one must realize] that there exists no external object apart from consciousness.

23

In no way at all is there an external thing in the mode of an entity. This particular appearance of consciousness appears under the aspect of form.

24

The deluded see illusions, mirages, cities of gandharvas, and so forth. Form manifests in the same way.

25

The purpose of the [Buddha's] teachings about the skandhas, elements, and so forth is [merely] to dispel the belief in a self. By establishing [themselves] in pure consciousness the greatly blessed [Bodhisattvas] abandon that as well.

26

According to Vijñānavāda, this manifold [world] is established to be mere consciousness. What the nature of this consciousness might be we shall analyze now.

27

| 'di dag thams cad sems tsam zhes | | thub pas bstan pa gang mdzad de | | byis pa rnams kyi skrag pa ni | | spang ba'i phyir yin de nyid min |

28

| kun brtags dang ni gzhan dbang dang | | yongs su grub pa 'di nyid ni | | stong nyid bdag nyid gcig pu yi | | ngo bo sems la brtags pa yin |

29

| theg chen dga' ba'i bdag nyid la | | chos la bdag med mnyam pa nyid | | sems ni gdod nas ma skyes te | | sangs rgyas kyis ni mdor bsdus gsungs |

30

| rnal 'byor spyod pa pa rnams kyis | | rang gi sems kyi dbang byas te | | gnas yongs gyur nas dag pa'i sems | | so sor rang gi spyod yul brjod |

31

| 'das pa gang yin de ni med | | ma 'ongs pa ni thob pa min | | gnas phyir gnas ni yongs gyur pa | | da lta ba la ga la yod |

32

| de ji ltar de ltar snang min | | ji ltar snang de de ltar min | | rnam shes bdag med ngo bo ste | | rten gzhan rnam par shes pa med |

27

The Muni's teaching that "The entire [world] is mere mind" is intended to remove the fears of the simple-minded. It is not a [teaching] concerning reality.

28

[The three natures] – the imagined, the dependent, and the absolute – have only one nature of their own: śūnyatā. They are the imaginations of mind.

29

To [Bodhisattvas] who rejoice in the Mahāyāna the Buddhas present in brief the selflessness and equality of [all] pheno-mena [and the teaching] that mind is originally unborn.

30

The Yogācārins give predominance to mind in itself. [They] claim that mind purified by a transformation in position [becomes] the object of its own specific [knowledge].

31

[But mind] that is past does not exist, [while] that which is future is nowhere discovered. [And] how can the present [mind] shift from place [to] place?

32

[The ālayavijñāna] does not appear the way it is. As it appears – it is not like that. Consciousness essentially lacks substance; it has no other basis [than insubstantiality].

33

| ji ltar khab len dang nye bas | | lcags ni myur du yongs su 'khor | | de la sems ni yod min te | | sems dang ldan bzhin snang bar 'gyur |

34

| de bzhin kun gzhi rnam shes ni | | bden min bden pa bzhin du ni | | gang tshe 'gro 'ong g·yo bar 'gyur | | de tshe srid pa 'dzin par byed |

35

| ji ltar rgya mtsho dang ni shing | | sems ni med kyang g·yo bar 'gyur | | de bzhin kun gzhi rnam shes ni | | lus brten nas ni g·yo ba yin |

36

| lus med na ni rnam par shes | | yod pa min zhes yongs rtog na | | de yi so so rang rig nyid | | ci 'dra zhes kyang brjod par gyis |

37

| so so rang rig nyid brjod pas | | de ni dngos po nyid du brjod | | 'di de yin zhes brjod pa ni | | nus min zhes kyang brjod pa yin |

38

| rang la de bzhin gzhan dag la | | nges pa bskyed par bya ba'i phyir | | rtag tu 'khrul pa med par ni | | mkhas rnams rab tu 'jug pa yin |

33

When a lodestone is brought near, iron turns swiftly around; [though] it possesses no mind, [it] appears to possess mind. In just the same way,

34

The ālayavijñāna appears to be real though it is not. When it moves to and fro it [seems to] retain the [three] existences.

35

Just as the ocean and trees move though they have no mind, the ālayavijñāna is active [only] in dependence on a body.

36

Considering that without a body there is no consciousness, you must also state what kind of specific knowledge of itself this [consciousness] possesses!

37

By saying that a specific knowledge of itself [exists] one says it is an entity. But one also says that it is not possible to say, "This is it!"

38

To convince themselves as well as others, those who are intelligent [should] always proceed without error!

39

| shes pas shes bya rtogs pa ste | | shes bya med par shes pa med | | de ltar na ni rig bya dang | | rig byed med ces cis mi 'dod |

40

| sems ni ming tsam yin pa ste | | ming las gzhan du 'ga' yang med | | ming tsam du ni rnam rig blta | | ming yang rang bzhin med pa yin |

41

| nang ngam de bzhin phyi rol lam | | yang na gnyis ka'i bar dag tu | | rgyal ba rnams kyis sems ma rnyed | | de phyir sgyu ma'i rang bzhin sems |

42

| kha dog dbyibs kyi dbye ba 'am | | gzung ba dang ni 'dzin pa 'am | | skyes pa bud med ma ning sogs | | ngo bo sems ni gnas pa min |

43

| mdor na sangs rgyas rnams kyis ni | | gzigs par ma gyur gzigs mi 'gyur | | rang bzhin med pa'i rang bzhin can | | ji lta bur na gzigs par 'gyur |

44

| dngos po zhes bya rnam rtog yin | | rnam rtog med pa stong pa yin | | gang du rnam rtog snang gyur pa | | der ni stong nyid ga la yod |

39

The knowable is known by a knower. Without the knowable no knowing [is possible]. So why not accept that subject and object do not exist [as such]?

40

Mind is but a name. It is nothing apart from [its] name. Consciousness must be regarded as but a name. The name too has no own-being.

41

The Jinas have never found mind to exist, either internally, externally, or else between the two. Therefore mind has an illusory nature.

42

Mind has no fixed forms such as various colors and shapes, subject and object, or male, female, and neuter.

43

In brief: Buddhas do not see [what cannot] be seen. How could they see what has lack of own-being as its own-being?

44

A 'thing' is a construct. Śūnyatā is absence of constructs. Where construds have appeared, how can there be śūnyatā?

45

| rtogs bya rtogs byed rnam pa'i sems | | de bzhin gshegs rnams kyis ma gzigs | | gang na rtogs bya rtogs byed yod | | der ni byang chub yod ma yin |

46

| mtshan nyid med cing skye ba med | | yod gyur ma yin ngag lam bral | | mkha' dang byang chub semsdang ni | | byang chub gnyis med mtshan nyid can |

47

| byang chub snying po la bzhugs pa'i | | bdag nyid chen po'i sangs rgyas dang | | brtse ldan kun gyis dus kun tu | | stong pa mkha' dang mtshungs par mkhyen |

48

| de phyir chos rnams kun gyi gzhi | | zhi zhing sgyu ma dang mtshungs par | | gzhi med srid par 'jig byed pa'i | | stong po nyid 'di rtag tu bsgom |

49

| skye med dang ni stong nyid dang | | bdag med ces byar stong pa nyid | | bdag nyid dman pa gang sgom pa | | de de sgom par byed pa min |

50

| dge dang mi dge'i rnam rtog ni | | rgyun chad pa yi mtshan nyid can | | stong nyid sangs rgyas kyis gsungs gzhan | | de dag stong pa nyid mi bzhed |

45

The Tathāgatas do not regard mind under the form of knowable and knower. Where knower and knowable prevail there is no enlightenment.

46

Space, bodhicitta, and enlightenment are without marks; without generation. They have no structure; they are beyond the path of words. Their 'mark' is non-duality.

47

The magnanimous Buddhas who reside in the heart of enlightenment and all the compassionate [Bodhisattvas] always know śūnyatā to be like space.

48

Therefore [Bodhisattvas] perpetually develop this śūnyatā, which is the basis of all phenomena; calm, illusory, baseless; the destroyer of existence.

49

Śūnyatā expresses non-origination, voidness, and lack of self. Those who practice it should not practice what is cultivated by the inferior.

50

Notions about positive and negative have the mark of disintegration. The Buddhas have spoken [of them in terms of] śūnyatā, [but] the others do not accept śūnyatā.

51

| sems la dmigs pa med pa ni | | gnas pa nam mkha'i mtshan nyid yin | | de dag stong nyid sgom pa ni | | nam mkha' sgom par bzhed pa yin |

52

| stong nyid seng ge'i sgra yis ni | | smra ba thams cad skrag par mdzad | | gang dang gang du de dag bzhugs | | de dang der ni stong nyid 'gyur |

53

| gang gi rnam shes skad cig ma | | de yi de ni rtag ma yin | | sems ni mi rtag nyid yin na | | stong pa nyid du ji ltar 'gal |

54

| mdor na sangs rgyas rnams kyis ni | | sems ni mi rtag nyid bzhed na | | de dag sems ni stong nyid du | | ci'i phyir na bzhed mi 'gyur |

55

| thog ma nyid nas sems kyi ni | | rang bzhin rtag tu med par 'gyur | | dngos po rang bzhin gyis grub pa | | rang bzhin med nyid brjod pa min |

56

| de skad brjod na sems kyi ni | | bdag gi gnas pa spangs pa yin | | rang gi rang bzhin las 'das pa | | de ni chos rnams chos ma yin |

51

The abode of a mind that has no support has the mark of [empty] space. These [Bodhisattvas] maintain that development of śūnyatā is development of space.

52

All the dogmatists have been terrified by the lion's roar of śūnyatā. Wherever they may reside, śūnyatā lies in wait!

53

Whoever regards consciousness as momentary cannot accept it as permanent. If mind is impermanent, how does this contradict śūnyatā?

54

In brief: When the Buddhas accept mind as impermanent, why should they not accept mind as empty?

55

From the very beginning mind has no own-being. If things could be proved through own-being, [we would] not declare them to be without substance.

56

This statement results in abandoning mind as having substantial foundation. It is not the nature of things to transcend [their] own own-being!

57

| ji ltar bu ram mngar ba dang | | me yi rang bzhin tsha ba bzhin | | de bzhin chos rnams thams cad kyi | | rang bzhin stong pa nyid du 'dod |

58

| stong nyid rang bzhin du brjod pas | | gang zhig chad par smra ba min | | des ni rtag pa nyid du yang | | 'ga' zhig smras pa ma yin no |

59

| ma rig nas brtsams rga ba yi | | mthar thug yanlag bcu gnyis kyi | | brten nas byung ba'i bya ba ni | | kho bo rmi lam sgyu 'drar 'dod |

60

| yanlag bcu gnyis 'khor lo 'di | | srid pa'i lam du 'khor ba ste | | de las gzhan dusems can gang | | las 'bras spyod par 'dod pa med |

61

| ji ltar me long la brten nas | | bzhin gyi dkyil'khor snang gyur pa | | de ni der 'pho ma yin zhing | | de med par yang de yod min |

62

| de bzhin phung po nying mtshams sbyor | | srid pa gzhan du skye ba dang | | 'pho ba med par mkhas rnams kyis | | rtag tu nges par bya ba yin |

57

As sweetness is the nature of sugar and hotness that of fire, so [we] maintain the nature of all things to be śūnyatā.

58

When one declares śūnyatā to be the nature [of all phenomena] one in no sense asserts that anything is destroyed or that something is eternal.

59

The activity of dependent co-origination with its twelve spokes starting with ignorance and ending with decay [we] maintain to be like a dream and an illusion.

60

This wheel with twelve spokes rolls along the road of life. Apart from this, no sentient being that partakes of the fruit of its deeds can be found.

61

Depending on a mirror the outline of a face appears: It has not moved into it but also does not exist without it.

62

Just so, the wise must always be convinced that the skandhas appear in a new existence [due to] recomposition, but do not migrate [as identical or different].

63

| mdor na stong pa'i chos rnams las | | chos rnams stong pa skye bar 'gyur | | byed po las 'bras longs spyod pa | | kun rdzob tu ni rgyal bas bstan |

64

| ji ltar rnga yi sgra dang ni | | de bzhin myu gu tshogs pas bskyed | | phyi yi rten cing 'brel 'byung ba | | rmi lam sgyu ma dang mtshungs 'dod |

65

| chos rnams rgyu las skyes pa ni | | rnam yang 'gal bar mi 'gyur te | | rgyu ni rgyu nyid kyis stong pas | | de ni skye ba med par rtogs |

66

| chos rnams kyi ni skye ba med | | stong nyid yin par rab tu bshad | | mdor na phung po lnga rnams ni | | chos kun zhes ni bshad pa yin |

67

| de nyid ji bzhin bshad pas na | | kun rdzob rgyun ni 'chad mi 'gyur | | kun rdzob las ni tha dad par | | de nyid dmigs pa ma yin te |

68

| kun rdzob stong pa nyid du bshad | | stong pa kho na kun rdzob yin | | med na mi 'byung nges pa'i phyir | | byas dang mi rtag ji bzhin no |

63

To sum up: Empty things are born from empty things. The Jina has taught that agent and deed, result and enjoyer are [all only] conventional.

64

Just as the totality [of their causes and conditions] create the sound of a drum or a sprout, [so we] maintain that external dependent co-origination is like a dream and an illusion.

65

It is not at all inconsistent that phenomena are born from causes. Since a cause is empty of cause, [we] understand it to be unoriginated.

66

That phenomena [are said] not to arise indicates that they are empty. Briefly, 'all phenomena' denotes the five skandhas.

67

When truth is [accepted] as has been explained, convention is not disrupted. The true is not an object separate from the conventional.

68

Convention is explained as śūnyatā; convention is simply śūnyatā. For [these two] do not occur without one another, just as created and impermanent [invariably concur].

69

| kun rdzob nyon mongs las las byung | | las ni sems las byung ba yin | | sems ni bag chags rnams kyis bsags | | bag chags bral na bde ba ste |

70

| bde ba'i sems ni zhi ba nyid | | sems zhi ba ni rmongs mi 'gyur | | rmongs med de nyid rtogs pa ste | | de nyid rtogs pas grol thob 'gyur |

71

| de bzhin nyid dang yang dag mtha' | | mtshan ma med dang don dam nyid | | byang chub sems mchog de nyid dang | | stang nyid du yang bshad pa yin |

72

| gang dag stang nyid mi shes pa | | de dag thar pa'i rten ma yin | | 'gro drug srid pa'i btson rar ni | | rmongs pa de dag 'khor bar 'gyur |

73

| de ltar stang pa nyid 'di ni | | rnal 'byor pa yis bsgom byas na | | gzhan gyi don la chags pa'i blo | | 'byung bar 'gyur ba the tshom med |

74

| gang dag pha dang ma dang ni | | gnyen bshes gyur pas bdag la sngon | | phan pa byas par gyur pa yi | | sems can de dag rnams la ni | | byas pa bzo bar gyur par bya |

69

Convention is born from karma [due to the various] kleśas, and karma is created by mind. Mind is accumulated by the vāsanās. Happiness consists in being free from the vāsanās.

70

A happy mind is tranquil. A tranquil mind is not confused. To be unperplexed is to understand the truth. By understanding truth one obtains liberation.

71

It is also defined as reality, real limit, signless, ultimate meaning, the highest bodhicitta, and śūnyatā.

72

Those who do not know śūnyatā will have no share in liberation. Such deluded beings wander [among] the six destinies, imprisoned within existence.

73

When ascetics (yogācārin) have thus developed this śūnyatā, their minds will without doubt become devoted to the welfare of others, [as they think]:

74

"I should be grateful to those beings who in the past bestowed benefits upon me by being my parents or friends.

75

| srid pa'i btson rar sems can ni | | nyon mongs me yis gdungs rnams la | | bdag gis sdug bsngal byin pa ltar | | de bzhin bde ba sbyin bar rigs |

76

| 'jig rten bde 'gro ngan 'gro yis | | 'dod dang mi 'dod 'bras bu de | | sems can rnams la phan pa dang | | gnod pa las ni 'byung bar 'gyur |

77

| sems can brten pas sangs rgyas kyis | | go 'phang bla med nyid 'gyur na | | lha dang mi yi longs spyod gang | | tshangs dang dbang po drag po dang |

78

| 'jig rten skyong bas brten de dag | | sems can phan pa tsam zhig gis | | ma drangs pa ni 'gro gsum 'dir | | 'ga' yang med la mtshar ci yod |

79

| sems dmyal dud 'gro yi dwags su | | sdug bsngal rnam pa du ma'i dngos | | sems can rnams kyis myong ba gang | | de ni sems can gnod las byung |

80

| bkres skom phan tshun bdeg pa dang | | gzir ba yi ni sdug bsngal nyid | | bzlog par dka' zhing zad med de | | sems can gnod pa'i 'bras bu yin |

75

"As I have brought suffering to beings living in the prison of existence, who are scorched by the fire of the kleśas, it is fitting that I [now] afford them happiness."

76

The sweet and bitter fruit [that beings in] the world [obtain] in the form of a good or bad rebirth is the outcome of whether they hurt or benefit living beings.

77-78

If Buddhas attain the unsurpassed stage by [giving] living beings support, what is so strange if [those] not guided by the slightest concern for others receive none of the pleasures of gods and men that support the guardians of the world, Brahmā, Indra, and Rudra?

79

The different kinds of suffering that beings experience in the hell realms, as beasts, and as ghosts result from causing beings pain.

80

The inevitable and unceasing suffering of hunger, thirst, mutual slaughter, and torments result from causing pain.

81

| sangs rgyas byang chub sems nyid dang | | bde 'gro dang ni ngan 'gro gang | | sems can gang gi rnam smin kyang | | ngo bo gnyis su shes par bya |

82

| dngos po kun gyis rten bya zhing | | rang gi lus bzhin bsrung bar bya | | sems can rnams la chags bral ba | | dug bzhin 'bad pas spang bar bya |

83

| nyan thos rnams ni chags bral bas | | byang chub dman pa thob min nam | | sems can yongs su ma dor bas | | rdzogs sangs rgyas kyi byang chub thob |

84

| de ltar phan dang mi phan pa'i | | 'bras bu 'byung bar dpyad pa na | | de dag skad cig gcig kyang ni | | rang don gnas zhin ji ltar gnas |

85

| snying rjes brtan pa'i rtsa ba can | | byang sems myu gu las byung ba | | gzhan don gcig 'bras byang chub ni | | rgyal ba'i sras rnams sgom par byed |

86

| gang zhig bsgom pas brtan pa ni | | gzhan gyi sdug bsngal gyis bred nas | | bsam gtan bde ba dor nas kyang
| | mnar med pa yang 'jug par byed |

81

Know that beings are subject to two kinds of maturation: [that of] Buddhas [and] Bodhisattvas and that of good and bad rebirth.

82

Support [living beings] with your whole nature and protect them like your own body. Indifference toward beings must be avoided like poison!

83

Though the Śrāvakas obtain a lesser enlightenment thanks to indifference, the bodhi of the Perfect Buddhas is obtained by not abandoning living beings.

84

How can those who consider how the fruit of helpful and harmful deeds ripens persist in their selfishness for even a single moment?

85

The sons of the Buddha are active in developing enlightenment, which has steadfast compassion as its root, grows from the sprout of bodhicitta, and has the benefit of others as its sole fruit.

86

Those who are strengthened by meditational development find the suffering of others frightening. [In order to support others] they forsake even the pleasures of dhyāna; they even enter the Avīci hell!

87

| 'di ni ngo mtshar 'di bsngags 'os | | 'di ni dam pa'i tshul lugs mchog | | de dag rnams kyi rang lus dang | | nor rnams byin pa ngo mtshar min |

88

| chos rnams stong pa 'di shes nas | | las dang 'bras bu sten pa gang | | de ni ngo mtshar bas ngo mtshar | | rmad du 'byung bas rmad du 'byung |

89

| sems can bskyab pa'i bsam pa can | | de dag srid pa'i 'dam skyes kyang | | de byung nyid pas ma gos pa | | chu yi padma'i 'dab ma bzhin |

90

| kun bzang la sogs rgyal ba'i sras | | stong nyid ye shes me yis ni | | nyon mongs bud shing bsregs mod kyi | | de lta'ang snying rjes brlan 'gyur cing |

91

| snying rje'i dbang du gyur pa rnams | | gshegs dang bltam dang rol pa dang | | khab nas 'byung dang dka' ba spyod | | byang chub che dang bdud sde 'joms |

92

| chos kyi 'khor lo skor ba dang | | lha rnams kun gyis zhus pa dang | | de bzhin du ni mya ngan las | | 'das pa ston par mdzad pa yin |

87

They are wonderful; they are admirable; they are most extraordinarily excellent! Nothing is more amazing than those who sacrifice their person and riches!

88

Those who understand the śūnyatā of phenomena [but also] believe in [the law of] karma and its results are more wonderful than wonderful, more astonishing than astonishing!

89

Wishing to proteet living beings, they take rebirth in the mud of existence. Unsullied by its events, they are like a lotus [rooted] in the mire.

90

Though sons of the Buddha such as Samantabhadra have consumed the fuel of the kleśas through the cognitive fire of śūnyatā, the waters of compassion still flow within them!

91-92

Having come under the guiding power of compassion they display the descent [from Tuṣita], birth, merriments, renunciation, ascetic practices, great enlightenment, vietory over the hosts of Māra, turning of the Dharmacakra, the request of all the gods, and [the entry into] nirvana.

93

| tshangs dang dbang po khyab 'jug dang | | drag sogs gzugs su sprul mdzad nas | | 'gro ba 'dul ba'i sbyor ba yis | | thugs rje'i rang bzhin can gar mdzad |

94

| srid pa'i lam la skyo rnams la | | ngal so'i don du theg pa che | | 'byung ba'i ye shes gnyis po yang | | gsungs pa yin te don dam min |

95

| ji srid sangs rgyas kyis ma bskul | | de srid ye shes lus dngos can | | ting 'dzin myos pas rgyal 'gyur ba | | nyan thos de dag gnas par 'gyur |

96

| bskul na sna tshogs gzugs kyis ni | | sems can don la chags gyur cing | | bsod nams ye shes tshogs bsags nas | | sangs rgyas byang chub thob par 'gyur |

97

| gnyis kyi bag chags yod pa'i phyir | | bag chags sa bon brjod pa yin | | sa bon de dngos tshogs pa ni | | srid pa'i myu gu skyed par byed |

98

| 'jig rten mgon rnams kyi bstan pa | | sems can bsam dbang rjes 'gro ba | | 'jig rten du ni thabs mang po | | rnam pa mang po tha dad 'gyur |

93

Having emanated such forms as Brahmā, Indra, Viṣṇu, and Rudra, they present through their compassionate natures a performance suitable to beings in need of guidance.

94

Two [kinds] of knowledge arise [from] the Mahāyāna to give comfort and ease to those who journey in sorrow along life's path – so it is said. But [this] is not the ultimate meaning.

95

As long as they have not been admonished by the Buddhas, Śrāvakas [who are] in a bodily state of cognition remain in a swoon, intoxicated by samādhi.

96

But once admonished, they devote themselves to living beings in varied ways. Accumulating stores of merit and knowledge, they obtain the enlightenment of Buddhas.

97

As the potentiality of both [accumulations], the vāsanās are said to be the seed [of enlightenment]. That seed, [which is] the accumulation of things, produces the sprout of life.

98

The teachings of the protectors of the world accord with the [varying] resolve of living beings. The Buddhas employ a wealth of skillful means, which take many worldly forms.

99

| zab cing rgya che'i dbye ba dang | | la lar gnyis ka'i mtshan nyid can | | tha dad bstan pa yin yang ni | | stong dang gnyis med tha dad min |

100

| gzungs rnams dang ni sa rnams dang | | sangs rgyas pha rol phyin gang dag | | de dag byang chub sems kyi char | | kun mkhyen rnams kyis gsungs pa yin |

101

| lus ngag yid kyis rtag par ni | | de ltar sems can don byed pa | | stong nyid rtsod par smra rnams la | | chad pa'i rtsod pa nyid yod min |

102

| 'khor ba mya ngan 'das pa la | | bdag nyid che de mi gnas pa | | de phyir sangs rgyas rnams kyis ni | | mi gnas mya ngan 'das 'dir bshad |

103

| snying rje ro gcig bsod nams gyur | | stong nyid ro ni mchog gyur pa | | bdag dang gzhan don sgrub don du | | gang 'thung de dag rgyal sras yin |

104

| dngos po kun gyis de la 'dud | | srid pa gsum na rtag mchod 'os | | sangs rgyas gdung ni 'tshob don du | | 'jig rten 'dren pa de dag bzhugs |

99

[Teachings may differ] in being either profound or vast; at times they are both. Though they sometimes may differ, they are invariably characterized by śūnyatā and non-duality.

100

Whatever the dhāraṇīs, stages, and pāramitās of the Buddhas, the omniscient [Tathāgatas] have stated that they form a part of bodhicitta.

101

Those who thus always benefit living beings through body, words, and mind advocate the claims of śūnyatā, not the contentions of annihilation.

102

The magnanimous [Bodhisattvas] do not abide in nirvana or saṃsāra. Therefore the Buddhas have spoken of this as "the non-abiding nirvana."

103

The unique elixir of compassion functions as merit, [but] the elixir of śūnyatā functions as the highest. Those who drink it for the sake of themselves and others are sons of the Buddha.

104

Salute these Bodhisattvas with your entire being! Always worthy of honor in the three worlds, guides of the world, they strive to represent the lineage of the Buddhas.

105

| byang chub sems 'di theg chen po | | mchog ni yin par bshad pa ste | | mnyam par gzhag pa'i 'bad pa yis | | byang chub sems ni bskyed par gyis |

106

| rang dang gzhan don bsgrub don du | | srid na thabs gzhan yod ma yin | | byang chub sems ni ma gtogs pas
| | sangs rgyas kyis sngar thabs ma gzigs |

107

| byang chub sems bskyed tsam gyis ni | | bsod nams phung po gang thob pa | | gal te gzugs can yin na ni | | nam mkha' gang ba las ni lhag |

108

| skyes bu gang zhig skad cig tsam | | byang chub sems ni sgom byed pa | | de yi bsod nams phung po ni | | rgyal ba yis kyang bgrang mi spyod |

109

| nyon mongs med pa'i rin chen sems | | 'di ni nor mchog gcig pu ste | | nyon mongs bdud sogs chom rkun gyis| | gnod min phrogs par bya ba min |

110

| ji ltar 'khor bar sangs rgyas dang | | byang chub sems dpa'i smon lam ni | | mi g·yo de ltar blo nyid ni | | byang chub sems gzhol rnams kyis bya |

105

[In] Mahāyāna this bodhicitta is said to be the very best. So produce bodhicitta through firm and balanced efforts.

106

[In this] existence there is no other means for the realization of one's own and others' benefit. The Buddhas have until now seen no means apart from bodhicitta.

107

Simply by generating bodhicitta a mass of merit is collected. If it took form, it would more than fill the expanse of space!

108

If a person developed bodhicitta only for a moment, not even the Jinas could calculate the mass of his merit!

109

The one finest jewel is a precious mind free of kleśas. Robbers like the kleśas or Māra cannot steal or damage it.

110

Just as the high aspirations of Buddhas and Bodhisattvas in saṃsāra are unswerving, those who set their course on bodhicitta must make [firm their] resolve.

111

| ngo mtshar gyis kyang khyed cag gis | | ji ltar bshad pa la 'bad kyis | | de rjes kun bzang spyod pa ni | | rang nyid kyis ni rtogs par 'gyur |

112

| rgyal mchog rnams kyis bstod pa'i byang chub sems ni bstod byas pa'i | | bsod nams mtshungs med deng du bdag gis thob pa gang yin pa | | de yis srid pa'i rgya mtsho dba' klong nang du nub pa yi | | sems can rkang gnyis dbang pos bsten pa'i lam du 'gro bar shog |

111

No matter how amazing [all this seems], you must make efforts as explained. Thereafter you yourself will understand the course of Samantabhadra!

112

Through the incomparable merit I have now collected by praising the excellent bodhicitta praised by the excellent Jinas, may living beings submerged in the waves of life's ocean gain a foothold on the path followed by the leader of those who walk on two legs.

Notes on the Verses

1. I take bdag nyid dngos (or bdag nyid sku in A and C) as translating ātmabhāva, for which cf. May, op. cit., p. 278, n. 1017. In pāda b, A reads Śrī Vajradhara (dpal ldan rdo rje 'chang), whereas C speaks of rdo rje sems dpa'i sku (which it identifies with mahāmudrā, hence the epithet śrī, which may also be explained lha'i rigs phun sum tshogs pa dang ldan pa'i phyir ... etc. in accord with the Tantra [see 461a5-8]) without showing any sign of the plural. If B transmits the authentic reading I take this to indicate Bodhisattvas such as Samantabhadra, mentioned in BV 90, 111. For bhava see C 461b2: de la srid pa ni nye bar len gyi phung po lnga'i rang bzhin 'dod pa dang | gzugs dang gzugs med pa'i srid pa ste | 'byung zhing 'gyur ba'i phyir ro ||. Cf. MK XXVI, 8.

2. The genitive kyi (which C 462a2 also has) should be retained and construed with bzhed. It reflects *buddhānām ... mata or iṣṭa.

3. C 462a3 ff. lists the eight arthākāra of mahākaruṇā, explained in the Traité, p. 1707.

4-5. One cannot conceive ātman (skandhas) as eka or anya. MK XVIII; Schayer (1931), p. 90, n. 60.

6. A kāraka who is nitya is impossible, not only because there is no ātman (see above) but also because as a dharmin related to dharmas he would have to be anitya like them. See vv. 7-9. See also CS III, 34 with references in the note.

7-8. A creation all at once is against experience; a gradual one is incompatible with the notion of a creator's omnipotence (śakti/ sāmarthya). Cf. Siddhi, p. 30; Pramāṇavārttika I, 9 ff. This may be the earliest occurrence of this celebrated argument.

9. Being included among 'all things' a creator (C 463b7: dbang phyug la sogs pa) must also be anitya.

10. This refers to the Śrāvakas (BS 25-26 etc.). As in its canonical usage the term loko 'yam or ayam loka occasionally has a somewhat pejorative tone.

11. The Śrāvakas only endorse pudgalanairātmya, but by quoting a celebrated passage from their āgama (Saṁyutta III, p. 142; Sanskrit version in Prasannapadā, p. 41; cf. also Traité, p. 370) Nāgārjuna shows that even here we find evidence of the Buddha's teaching of dharmanairātmya. (Cf. CS I, 3 with references in the note.) See the discussion of Mahāyāna Buddhism in the Concluding Essay, below.

14. The following (vv. 14-24) constitutes a refutation of rūpa (i.e., upādāyarūpa [cf. Traité, p. 782] or bhautika), for which see CS I, 5 with references in the notes.

15. Cf. e.g. MK III-V.

16. A refutation of anu/paramāṇū; Traité, p. 725; Bhāvanākrama I, pp. 20-22; May (1959), p. 54, n. 15 (references). This is sūkṣmarūpa.

19. A refutation of sthūlarūpa. Cf. Traité, p. 733, which also cites the Sanskrit verse from the Sarvadarśanasaṁgraha. For further references consult Mimaki (1976), p. 309, n. 432. Similarly SS 60; Catuḥśataka VIII, 2; Saundarananda XIII, 52.

21. Though things can be efficacious, they are nevertheless śūnya. See the svavṛtti *ad* VV 22. For svapnopaghāta, see Viṁśatikā 4.

22. The following concludes that there is no bāhyārtha. Compare Mahāyānaviṁśikā 19: utpādo hi vikalpo 'yam artho bāhyo na vidyate ||. See also Laṅkāvatāra X, 154-155. But as we shall see the author takes great pains to show that the cittamātratā of the Laṅkāvatāra (see Suzuki's *Index,* p. 69) should be taken neyārtha; i.e. nairātmyāvatārataḥ.

24. Note that "dans les textes des Śrāvakas, on ne recontre jamais l'exemple de la ville de Gandharva" (Traité, p. 370); cf. also CS III, 5; RĀ II, 12-13 (cittamohana).

25. For the Sanskrit, see the Jñāśrīmitranibandhāvalī, p. 488 (with the variant reading citra).

26. The following (vv. 26-45) is a refutation of those who interpret cittamātratā, especially as presented in the Laṅkāvatāra, as nītārtha.

27. The Sanskrit can be found in the Subhāṣitasaṁgraha (ed. Bendall), p. 20; Jñānaśrīmitra, loc. cit. (with tattrāsa for uttrāsa)· Cf. Śikṣāsamuccaya, p. 263; Prasannapadā, p. 264, n. 2.

28. C 476b7: de la kun brtags ni gzung 'dzin te | phyi nang brtags pa tsam ni yin la rang bzhin med pa'i phyir ro | | gzhan dbang ni rtog pa'i rang bzhin te | rgyu rkyen gzhan dbang byas pa'i phyir ro | | yongs su grub pa ni gzung 'dzin gyi rnam par rtogs pa med pas so | | mi 'gyur bar yongs sh gnas pa'i phyir ro ||. For svabhāvatraya, see Laṅkāvatāra, pp. 127-133; CS III, 44; Siddhi, pp. 514-561. Nāgārjuna's position is that of Laṅkāvatāra II, 198.

29. This seems to allude to the verse quoted above as being from the 'Guhyasamāja'; now, however, it is a question of Bodhisattvas devoted to Mahāyāna! On the samatā of all dharmas, see e.g. Prasannapadā, p. 374.

30. For āśrayaparivṛtti (presented as here in the Laṅkāvatārasūtra) or āśrayaparivṛtti, see L. Schmithausen (1969), pp. 90-104. For the term svapratyātmagatigocara, see Suzuki's *Index,* p. 193.

31. Thus the author refutes this notion ekaprahāreṇa!

32. C 468b7: tshogs drug gi rnam par shes pa dang | nyon mongs pa can gyi yid ji ltar rnam pa dang dmigs pa dang snang ba de ltar kun gzhi ma yin te phyi rol gyi spyod yul la yongs su spyod mi nus pa'i phyir ro | | des na ngo bo nyid bdag med rnam shes te don dam par rang bzhin med pa'i phyir ro ||.

33. For this comparison, see Laṅkāvatāra X, 14.

35. Ibid., X, 57-59.

37. One should not speak of that which cannot be spoken of. But here the author is not being quite fair; cf. MK XXII, 11.

38. Recalls Dhammapada XII, 2.

39. Cf. CS III, 50. Though B and A have rig bya / rig byed this surely refers to vedanāskandha (as v. 40 refers to saṁjñāskandha). Thus C469b7 is correct in having tshor bya / tshor ba. Cf. CS I, 6; ŚS 55.

40. Ibid., I, 7; III, 35 (with references in the notes).

41. Cf. ŚS 51.

42. citta (= manas = vijñāna) is – saṁvṛtitaḥ – arūpin. Thus it cannot be established by means of rūpa.

43. For the buddhacakṣus see CS II, 2: na ca nāma tvayā kiṁ cid dṛṣṭaṁ bauddhena cakṣuṣā |.

44. Cf. e.g. MK V, 7; XV, 4; May, op. cit., p. 92, n. 204. (śūnyatā = niḥsvabhāvatā = tattva = nirvikalpa, etc.)

45. Sanskrit in the Pañjikā, p. 406. Cf. CS II, 2: na boddhā na ca boddhavyam astīha paramārthataḥ |.

46. Sanskrit ibid., p. 421, with asaṁskṛtam in b (thus also C 471a8), which I have corrected to asaṁsthitam in accord with A (gnas pa med) and B (yod gyur ma yin). In pāda b, the Sanskrit may have read avākpatham (cf. CS IV, l, etc.).

48. That is, śūnyatā destroys those dṛṣṭis which give rise to kleśa, karma, and punarbhava. Cf. MK XVIII, 5; YṢ 46-48; CS I, 23.

49. C 472a3 refers to MK XIII, 8. For bdag nyid dman pa, cf. alpabuddhi (MK V, 8), mandamedhas (MK XXIV, 11); avipaścit (RĀ II, 19). The bdag nyid chen po is to the contrary: YṢ 50, 54.

50. All vikalpas are kṣaṇika; i.e., śūnya. Cf. v. 53. This is of course only saṁvṛtitaḥ; cf. RĀ I, 66-70.

52. The Sanskrit is found in the Caryāgīti (ed. Kværne), p. 246 with śatravaḥ, which I have emended in accord with A's rgol ba, B's smra ba and C's (dngos por) smra ba (472b5). For śūnyatā-siṁhanāda, see CS I, 22 and BS 101 with the accompanying note.

56. For this axiom see MK XV, 7-8.

57. Sanskrit in the Advayavajrasaṁgraha (ed. Śāstrī), p. 42.

58. The madhyamā pratipad avoids the extremes of uccheda and śāśvata. MK XV, 10; XVII, 21; CS III, 49.

59. As I have shown in *WZKS* XXVI (1982), these verses are quite closely related to the Pratītyasamutpādahṛdayakārikā. See also the Daśabhūmika (ed. Rahder), p. 50, which reduces avidyā, tṛṣṇā, and upādāna to kleśavartman, saṁskāra and bhava to karmavartman, and the remaining seven aṅgas to duḥkhavartman. As C observes (473b7), avidyā, saṁskāra, tṛṣṇā, upādāna, and bhava may also be regarded as hetu, whereas the remaining aṅgas are phala. Similarly in the small treatise Dharmadhātugarbhavivaraṇa ascribed to Nāgārjuna (see *IHQ* XXXIII, pp. 246-249); cf. PK 4. See also Traité, pp. 349-351. For the final pādas of 63, see CS I, 8; Saṁyutta II, pp. 75-76; Daśabhūmika, p. 49.

64. As the previous verses treated ādhyātmika-pratītyasamutpāda – saṁvṛtitaḥ, of course – this verse refers to bāhyapratītyasam-utpāda, presumably as treated in the Śālistambasūtra (quoted in the Pañjikā, pp. 577-579), though the bherīśabda (cf. Prasannapadā, p. 72) does not figure here.

65. In the saṁsāramaṇḍala any 'hetu' is also 'phala' and vice versa. Thus it is hetusvabhāvaśūnya. Cf. RĀ I, 36, 47.

66. Cf. RĀ IV, 86: anutpādo mahāyāne pareṣām śūnyatā kṣayaḥ |. For sarve dharmāḥ (= sarvam), see references in May, op. cit., p. 206, n. 689; see also YṢ 30.

67. Cf. MK XXIV, 8-10.

68. Here I understand saṁvṛti as sarve dharmāḥ (cf. Madhyamaka-hṛdayakārikā III, 13; also CS III, 44, with which compare Laṅkāvatāra II, 187). I take śūnyata to equal pratītyasamutpāda (cf. MK XXIV, 18); i.e. pratītyasamutpanna (CS III, 44).

69. For the interpretation of this verse, see MK XVII, 26: karma kleśātmakam, and ibid., XVIII, 5: karmakleśā vikalpataḥ. For citta (= vikalpa), cf. Laṅkāvatāra III, 38: cittena cīyate karma. Again, citta itself is the outcome of previous karma (vāsanā) due to kleśa born from vikalpa (citta), etc. from time without beginning.

70. By thus destroying vikalpa (= citta, avidyā, etc.) by means of śūnyatā, the result is karmakleśakṣayān mokṣaḥ (MK XVIII, 5).

71. For other synonyms of the absolute, see CS I, 27; III, 37-41, 52; MK XVIII, 9; XXV, 3; ŚS 24.

72. Cf. YṢ 31.

73. What follows (vv. 74-104) is mainly devoted to an exposition of the tathyasaṁvṛtibodhicitta (C 476a8) and only calls for a few notes. In general we find here the same ideal of karuṇā as in the Ratnāvalī, Bodhisaṁbhāra[ka], and Śūnyatāsaptati.

77. On these gods, see RĀ I, 24; SL 69; Traité, pp. 137 ff.

81. C 477b8: sangs rgyas dang byang chub sems dpa' zag pa med pa 'i dge ba'i rtsa ba'i las kyi rnam par smin pa 'i sems can no ||. The vipāka specific to Buddhas and Bodhisattvas is the kāyadvaya. Cf. BS 3 and references in the notes.

83. The Śrāvakas' pratisaṁkhyānirodha is inferior to the anuttarā samyaksaṁbodhi of the Buddhas. Cf. Vimala-kīrtinirdeśa, p. 422.

86. See BS 164 and references in the notes.

91. For pāda a cf. CS I, 1 with accompanying note. On the Twelve Acts of a Buddha see e.g. CS II, 23; Dvādaśakāranayastotra (Pek. ed. 2026); Bu ston I, p. 133 (the verse cited by Bu ston as being from the Ratnāvalī is actually BV 91-92).

96. On puṇyajñānasaṁbhāra see RĀ III and the Bodhisaṁbhāra[ka].

97. See v. 81 above.

98. The Sanskrit is quoted in Sarvadarśanasaṁgraha (ed. Abhyankar), p. 45 with cobha in 99b and bhinnā hi in 99c. Also in Bhāmatī (ed. Sastri), p. 414 with kila in 98d. For the idea see MK XVIII, 8; RĀ II, 35.

100 For dhāraṇī, see Traité, pp. 1854 ff. I have not traced the Sūtra.

101. See v. 58 above.

102. Cf. BS 75 and references in the accompanying note, and G.M. Nagao in L.S. Kawamura (ed.), *The Bodhisattva Doctrine in Buddhism,* Waterloo, Ontario, 1981, pp. 61-79.

105. For similar bodhicittānuśaṁsā, see BS 57 and Bodhicaryāvatāra I.

110. In pāda a, A and C apparently read *saṁvaro (sdom pa) against B's *saṁsāre ('khor bar).

111. This refers to Samantabhadra's celebrated praṇtidhānas. For the Bhadracaryāpraṇidhāna (or Bhadracarīpraṇidhānarāja), see *Encyclopedia of Buddhism* II, pp. 632-638. I do not think that the commentary ascribed to Nāgārjuna (Pek. ed. 5512) is authentic. For a modern edition of the verses see J.P. Asmussen, *The Khotanese Bhadracaryādeśanā,* Copenhagen, 1961. See also SS 247b.

112. The final verse forms a pariṇāmanā. Cf. YṢ 60; CS III, 59; BS 165, etc. for other such dedications of merit.

Quellen

A Bodhicittavivaraṇa, tr. by Rab zhi chos kyi bshes gnyen et al. Pek. ed. 5470, Gi, fol. 221a-226b; Narthang ed. 3461, Gi, fol. 210b-215b.

B Bodhicittavivaraṇa, ta, tr. by Guṇākara and Rab zhi [chos kyi] bshes gnyen, revised by Kanakavarman and Nyi ma grags. Pek. ed. 2665, Gi, fol. 42b-48a; Narthang ed. 664, Gi, fol. 41b-46b.

C Bodhicittavivaraṇaṭīkā, tr. by Smṛtijñānakīrti (the author). Pek. ed. 2694, Gi, fol. 454b-484b; Narthang ed. 693, Gi, fol. 449b-476b.

Varianten

1a dngos B: sku AC
1b rnams B: 'chang A
6d spyod BC: dpyod A
(cf. Derge ed. 3868, Ya, fol. 344a4: dpyad)
8a ci de B : ci phyir A
10a 'di B :ni A
10cd A *pro*: gzung 'dzin blo yis 'joms par 'gyur B
12b dang 'dra A: 'dra snang B
14b bshad BA: gsal C
14d med na mi 'byung ... B : the tshom med par ... A
16 AC, *sed om.* B
17d tshogs pa de yang B: 'dus par yang ni A
19a ni rnam gcig la B : rnams gcig la yang A : … rnam pa gcig dang | yang C
21b gnod pa bzhin min nam B: na ni rmis pa bzhin A : gnod sbyin don byed pa C (cf. Viṁśatikā 4)
23c snang ba 'di B: snang ba ni A : snang ba'i C
25b khams sogs BS: la sogs A
26c da B : 'dir A
28c gcig pu yi B: tshul gcig gi A
29c sems ni B: rang sems AC (*recte?*)
32b min AC : yin B

33d bzhin AC : zhing B
34c 'gro AC : sgra B
35 A valde differ
38a de bzhin B : nges bzhin A
40b 'ga' A : dga' B
41c kyis A : kyi B
42a kyi A :kyis B
46b yod gyur ma yin B : gnas pa med cing ACS
50a ni AC : gi B
51a dmigs pa BA : mtshan bya C; ni C(A) : yi B
51c ni B : 'di A
52b smra ba BC: rgol ba A
57a bu ram A : bur ram B
59a rga ba yi : rga shi'i (mtha') A: dga' ba yin B
63a las A: la B
68d byas : byas pa B
70d rtogs pas : rtogs pa B :rig pas A
74c yi: yis B (A quattuor pāda)
77a brten A: bsten B
80c zad med B : mi bzod AC
81a sems nyid B : sems dpa' A
83d kyi : kyis B : pa'i A
86a gang zhig BA : gang gis C
89c de byung nyid pas B: srid pa'i skyon gyis A(d)
90b A, sed om. B
94c ye shes (*jñāna-) B : theg pa (*yāna-) A(a)C
97c de dngos tshogs pa ni B: rjes mthar tshogs pa yis A(C)
98a kyi S : kyis B
101a rtag par : brtags par B : rtag tu A(b)C
102b de (cf. Tattvasārasaṁgraha 97a) : ste B : om. A
110b 'khor bar (*saṁsāra-) B : sdom pa (*saṁvara-) AC

12

phenapiṇḍopamaṁ rūpaṁ vedanā budbudopamā |
marīcisadṛśī saṁjñā saṁskārāḥ kadalīnibhāḥ ||

13

māyopamaṁ ca vijñānaṁ ...

20

parivrāṭkāmukaśunām ekasyāṁ pramadātanau |
kuṇapaḥ kāminī bhakṣya iti tisro vikalpanāḥ ||

25

ātmagrahanivṛttyarthaṁ skandhadhātvādideśanā |
sāpi dvastā mahābhāgaiś cittamātravyavasthayā ||

27

Cittamātram idaṁ sarvam iti yā deśanā muneḥ |
uttrāsaparihārārthaṁ bālānāṁ sā na tattvataḥ ||

45

Na bodhyabodhakākāraṁ cittaṁ dṛṣṭaṁ tathāgataiḥ |
Yatra boddhā ca bodhyaṁ ca tatra bodhir na vidyate ||

46

alakṣaṇam anutpādam asaṁsthitam avāṅmayam |
ākāśaṁ bodhicittaṁ ca bodhit advayalakṣaṇā ||

52

śūnyatāsiṁhanādena trasitāḥ sarvavādinaḥ |

57

guḍe madhuratā cāgner uṣṇatvaṁ prakṛtir yathā |
śūnyatā sarvadharmāṇaṁ tatha prakṛtir iṣyate ||

98

Deśanā lokanāthānāṁ sattvāśayavaśānugāḥ |
Bhidyante bahudhā loka upāyair bahubhiḥ punaḥ ||

99

Gambhīrottānabhedena kva cid vobhayalakṣaṇā ||
Bhinnāpi deśanābhinnā śūnyatādvayalakṣaṇā ||

Anhang

Geshe Langri Tangpa

LOJONG TSIGYEMA:
Acht Verse zum Üben des Herzgeistes

Mit der Absicht,
für deren höchstes Wohlergehen zu sorgen,
und sogar das wunscherfüllende Juwel übertreffend,
will ich stets alle Lebewesen wertschätzen.

Wann immer ich mich mit anderen zusammentue,
will ich mich als den Niedersten von allen ansehen,
und aus tiefstem Herzen
andere als überlegen in Ehren halten.

Die ununterbrochene Folge
all meiner Handlungen untersuchend,
will ich mich jeder Täuschung stellen und sie abweisen,
sobald sie entsteht
und mich oder andere ungemessen handeln ließe.

Wann immer ich unglückliche Wesen sehe,
die von bösen Absichten und heftigen Leiden bedrängt werden,
will ich sie lieben,
als hätte ich einen seltenen und wertvollen Schatz entdeckt.

Wenn andere mich aus Eifersucht
missbrauchen oder beleidigen,
will ich diese Niederlage auf mich nehmen
und ihnen den Sieg anbieten.

Selbst wenn jemand, dem ich half
und in den ich große Hoffnungen setzte,
mir ohne Grund schadet,
will ich ihn als meinen spirituellen Wegweiser ansehen.

Kurzum: Ich will auf direktem wie indirektem Weg
allen Menschen Hilfe und Zufriedenheit anbieten
und insgeheim all das Unheil und die Leiden
meiner Mütter auf mich nehmen.

Mögen wir hierbei alle unbefleckt
von den acht extremen Ansichten*,
aber mit einem Geist,
der die Phänomene als Illusionen betrachtet,
Befreiung von der Fessel gedanklicher Konzepte erlangen.

* Freude und Schmerz, Lob und Tadel, Ruhm und Ehrverlust, Gewinn und Verlust.

Geshe Langri Tangpa

LOJONG TSIGYEMA: Eight Verses for Training the Mind

With the intention to accomplish
the highest welfare for all sentient beings,
surpassing even the wish-granting jewel,
may I learn to cherish all of them.

Whenever I associate with others
may I consider myself as the lowest of all,
and from deep within
cherish others as supreme.

Examining all my actions in my mind,
as soon as an afflictive emotion develops
and endangers me and others,
may I firmly face and avert it.

Whenever I see beings of bad intent
and those oppressed by violent suffering,
may I cherish them as if I had found
a treasure precious and rare.

When others, out of jealousy,
treat me badly or insult me,
may I take all loss
and offer them the victory.

Even if someone I have helped
and of whom I had great hopes
harms me unreasonably,
may I see him as my excellent spiritual guide.

In short, may I directly and indirectly
offer help and contentment to everyone,
and secretly take upon myself
all the harms and sufferings of my mothers.

Finally, through all those practices undefiled
by the stains of the eight worldly concerns*,
and by viewing all phenomena as illusory,
may we all be released from the bondage of attachment.

* Pleasure and pain, praise and blame, fame and dishonor, gain and loss.